Impressum
Verlag: BABADADA GmbH, Nedderfeld 112 , 22529 Hamburg
Geschäftsführer / Verlagsleitung: Harald Hof
Druck: Books on Demand GmbH, In de Tarpen 42, 22848 Norderstedt

Imprint
Publisher: BABADADA GmbH, Nedderfeld 112 , 22529 Hamburg, Germany
Managing Director / Publishing direction: Harald Hof
Print: Books on Demand GmbH, In de Tarpen 42, 22848 Norderstedt, Germany

škola

школа

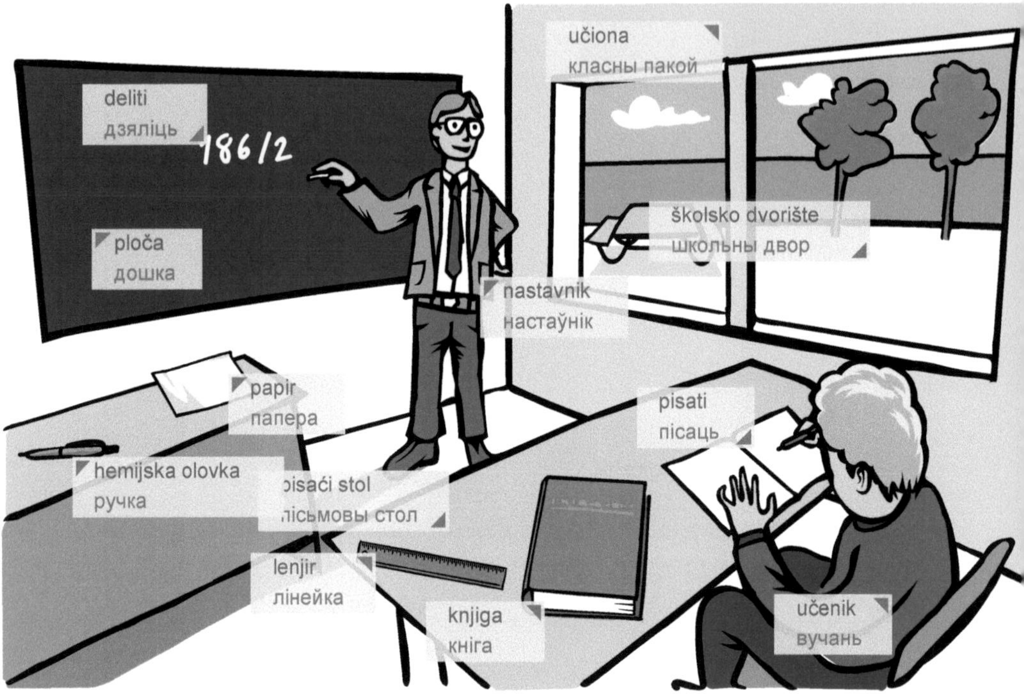

učiona
класны пакой
deliti
дзяліць
186/2
ploča
дошка
školsko dvorište
школьны двор
nastavnik
настаўнік
papir
папера
pisati
пісаць
hemijska olovka
ручка
pisaći stol
пісьмовы стол
lenjir
лінейка
knjiga
кніга
učenik
вучань

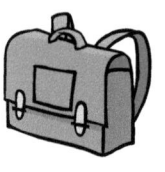

torba
ранец

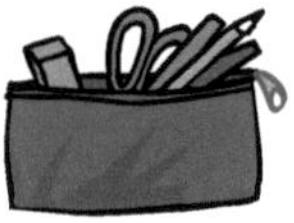

pernica
пенал

grafitna olovka
просты аловак

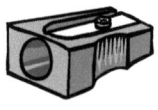

šiljilo za olovke
тачылка для алоўкаў

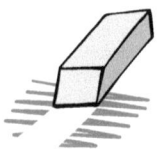

gumica za brisanje
гумка

blok za crtanje
альбом для малявання

crtež

малюнак

kist

пэндзлік

kutija sa bojama

фарбы

makaze

нажніцы

lepilo

клей

beležnica

сшытак

domaći zadatak

хатняе заданне

broj

лік

sabirati

дадаваць

oduzimati

адымаць

množiti

множыць

računati

лічыць

slovo

літара

abeceda

алфавіт

reč

слова

tekst

тэкст

čitati

чытаць

kreda

крэйда

čas

ўрок

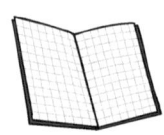

dnevnik

класны журнал

ispit

экзамен

svedočanstvo

атэстат

školska uniforma

школьная форма

obrazovanje

адукацыя

leksikon

энцыклапедыя

univerzitet

універсітэт

mikroskop

мікраскоп

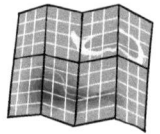

karta

карта

košara za papir

смеццевы кошык

putovanje

падарожжа

hotel
гатэль
Grand
prenoćište
хостэл
ROOMS
menjačnica
абменны пункт
kofer
чамадан
auto
аўтамабіль

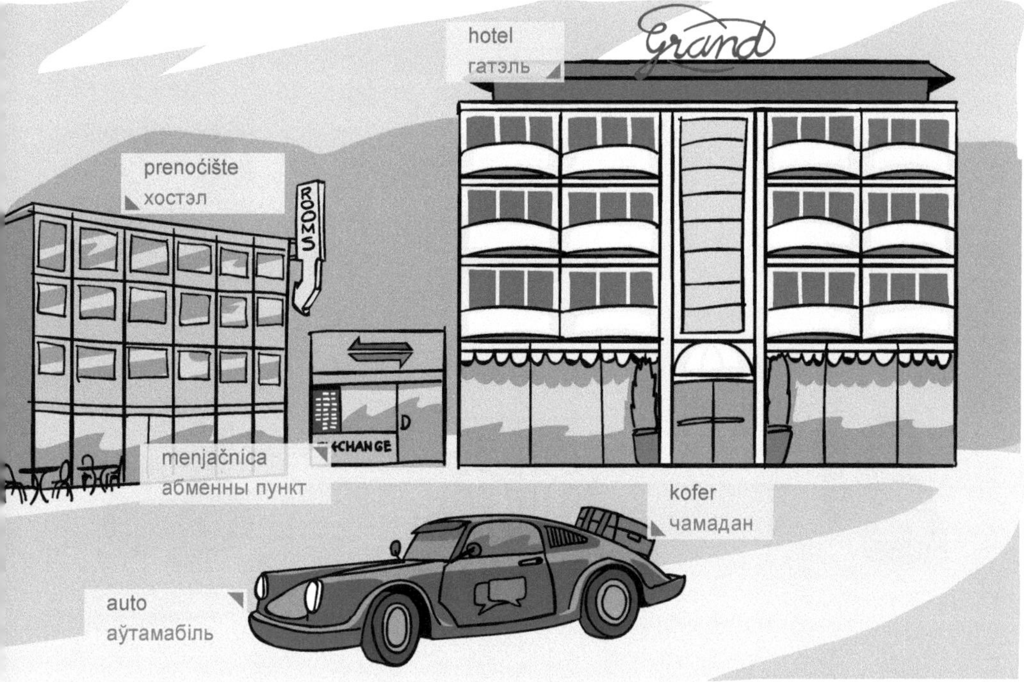

jezik

мова

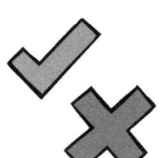

da / ne

так / не

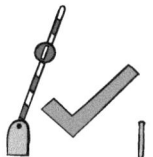

okej

добра

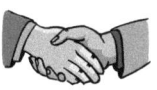

zdravo

прывітанне!

prevodilac

перакладчык

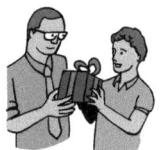

hvala

дзякуй

Koliko košta...?

Колькі каштуе....?

ne razumem

я не разумею

problem

праблема

dobro veče!

Добры вечар!

Dobro jutro!

Добрай раніцы!

Laku noć!

Дабранач!

doviđenja

да пабачэння

smer

кірунак

prtljaga

багаж

torba

сумка

ruksak

заплечнік

gost

госць

soba

пакой

vreća za spavanje

спальны мяшок

šator

палатка

turističke informacije

інфармацыя для турыстаў

plaža

пляж

kreditna kartica

крэдытная картка

doručak

снеданне

ručak

абед

večera

вячэра

karta za vožnju

праязны білет

lift

ліфт

poštanska markica

паштовая марка

granica

мяжа

carina

мытня

ambasada

пасольства

viza

віза

pasoš

пашпарт

transport

транспарт

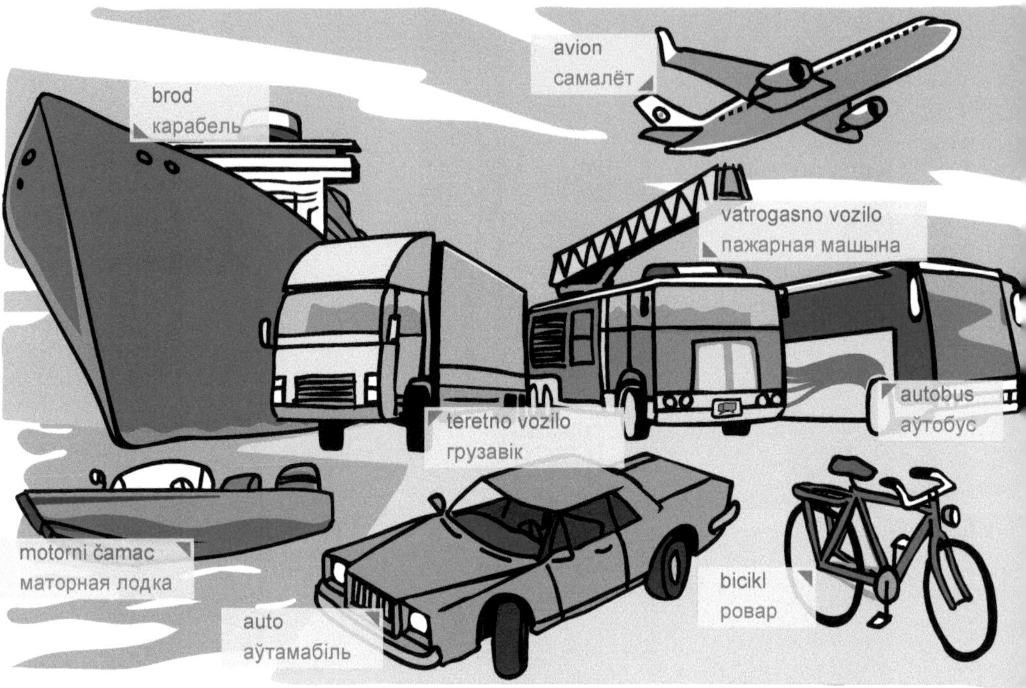

avion
самалёт
brod
карабель
vatrogasno vozilo
пажарная машына
autobus
аўтобус
teretno vozilo
грузавік
motorni čamac
маторная лодка
bicikl
ровар
auto
аўтамабіль

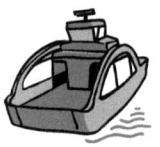

trajekt

паром

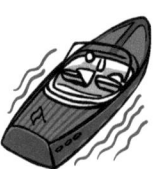

čamac

лодка

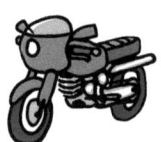

motocikl

матацыкл

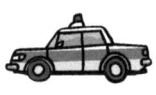

policijski auto

паліцэйская машына

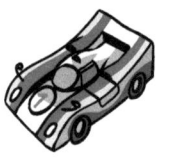

trkaći auto

гоначны аўтамабіль

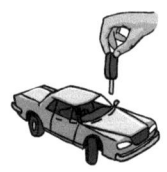

iznajmljeno auto

арэндаваны аўтамабіль

delenje automobila

сумеснае карыстанне аўтамабілем

vučno vozilo

эвакуатар

vozilo za odvoz smeća

смеццявоз

motor

матор

benzin

паліва

benzinska stanica

запраўка

saobraćajni znak

дарожны знак

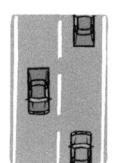

saobraćaj

дарожны рух

zastoj

затор

parkiralište

паркоўка

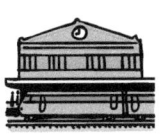

železnička stanica

чыгуначная станцыя

šine

рэйкі

voz

цягнік

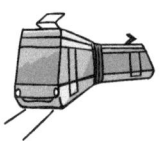

tramvaj

трамвай

vagon

вагон

helikopter

верталёт

aerodrom

аэрапорт

kula

вежа

putnik

пасажыр

kontejner

кантэйнер

karton

кардонная скрыня

kolica

тачка

korpa

карзіна

uzleteti / sleteti

ўзлятаць / прызямляцца

grad

горад

selo

вёска

centar grada

цэнтр горада

kuća

дом

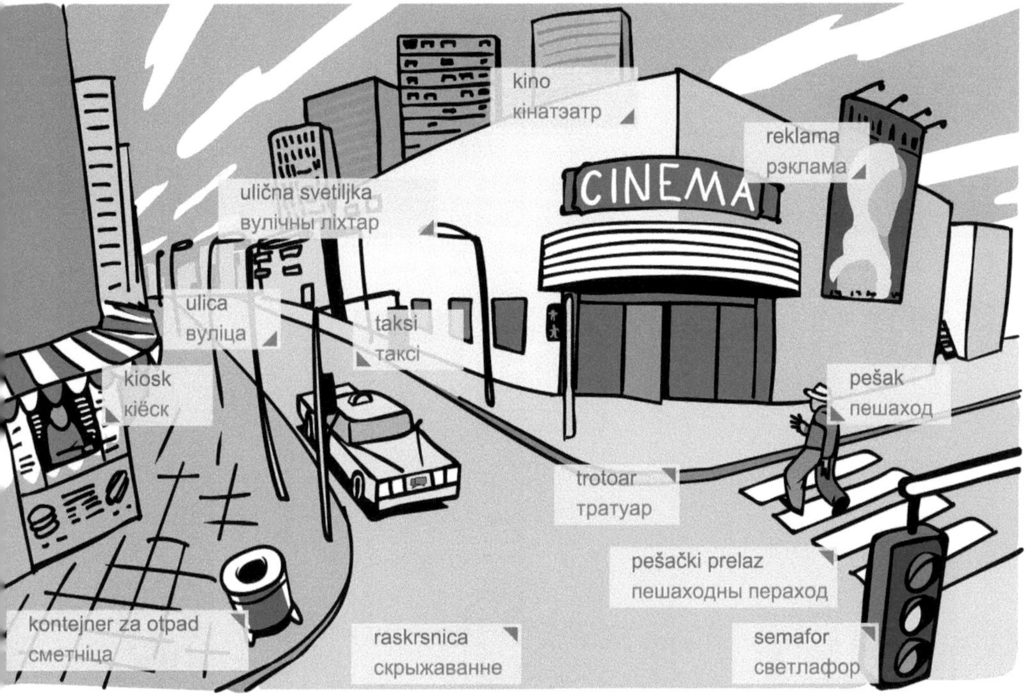

kino
кінатэатр

reklama
рэклама

ulična svetiljka
вулічны ліхтар

CINEMA

ulica
вуліца

taksi
таксі

pešak
пешаход

kiosk
кіёск

trotoar
тратуар

pešački prelaz
пешаходны пераход

kontejner za otpad
сметніца

raskrsnica
скрыжаванне

semafor
светлафор

koliba

халупа

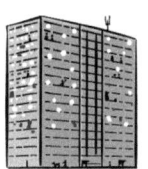

stan

кватэра

železnička stanica

чыгуначная станцыя

većnica

ратуша

muzej

музей

škola

школа

univerzitet

універсітэт

banka

банк

bolnica

шпіталь

hotel

гатэль

apoteka

аптэка

kancelarija

офіс

knjižara

кнігарня

prodavnica

крама

cvećara

кветкавая крама

supermarket

супермаркет

trg

кірмаш

robna kuća

універмаг

ribarnica

рыбная крама

trgovački centar

гандлевы цэнтр

luka

порт

park парк	klupa лава	most мост

stepenice лесвіца	podzemna željeznica метро	tunel тунэль

autobuska stanica прыпынак	bar бар	restoran рэстаран

poštansko sanduče паштовая скрыня	ulični znak вулічны паказальнік	parkirni automat паркамат
	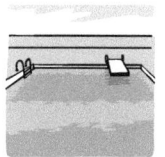	
zoološki vrt заапарк	bazen басейн	džamija мячэць

seosko gazdinstvo

сядзіба

zagađenje okoline

забруджванне
навакольнага асяроддзя

groblje

могілкі

crkva

царква

igralište

пляцоўка для гульні

hram

храм

pejsaž
краявід

list
ліст

putokaz
паказальнік

put
дарога

livada
луг

kamen
камень

drvo
дрэва

šetač
падарожнік

reka
рака

trava
трава

cvijet
кветка

dolina
даліна

planina
гара

jezero
возера

šuma
лес

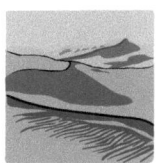

pustinja
пустыня

vulkan
вулкан

dvorac
замак

duga
вясёлка

gljiva
грыб

palma
пальма

moskito
камар

muva
муха

mrav
мурашка

pčela
пчала

pauk
павук

buba

жук

žaba

жаба

veverica

вавёрка

jež

вожык

zec

заяц

sova

сава

ptica

птушка

labud

лебедзь

divlja svinja

дзік

jelen

алень

los

лось

nasip

плаціна

vetrenjača

вятрак

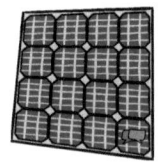

solarna ploča

сонечная батарэя

klima

клімат

pejsaž - краявід

restoran
рэстаран

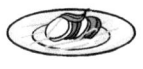

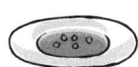

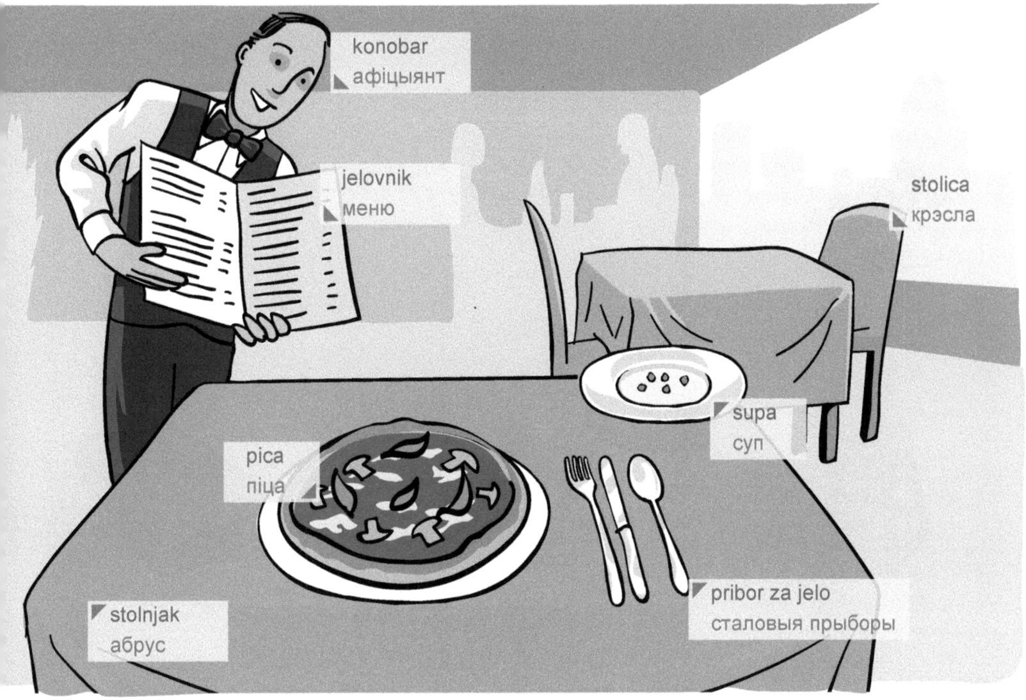
konobar
афіцыянт
jelovnik
меню
stolica
крэсла
supa
суп
pica
піца
pribor za jelo
сталовыя прыборы
stolnjak
абрус

predjelo

закуска

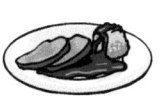

glavno jelo

другая страва

desert

дэсерт

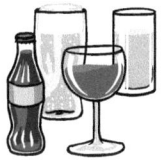

napitci

напоі

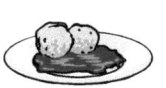

jelo

ежа

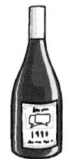

flaša

бутэлька

brza hrana

хуткае харчаванне (фаст-фуд)

imbis hrana

стрыт-фуд

čajnik

імбрык (чайнік)

doza za šećer

цукарніца

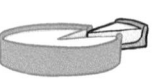

porcija

порцыя

aparat za espresso

эспрэса-машына

visoka stolica

дзіцячае крэселка

račun

рахунак

poslužavnik

паднос

nož

нож

viljuška

відэлец

kašika

лыжка

čajna kašika

чайная лыжка

salveta

сурвэтка

čaša

шклянка

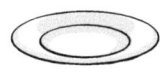

tanjir

талерка

tanjir za supu

супавая талерка

tanjirić

сподак

sos

соус

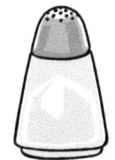

soljenka

сальніца

mlin za biber

млынок для перцу

sirće

воцат

ulje

алей

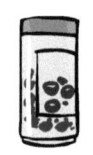

začini

спецыі

kečap

кетчуп

senf

гарчыца

majoneza

маянэз

supermarket

супермаркет

ponuda
акцыя
FOR
kupac
пакупнік
mlečni proizvodi
малочныя прадукты
voće
садавіна
kolica za kupovinu
вазок

BUTCHERS

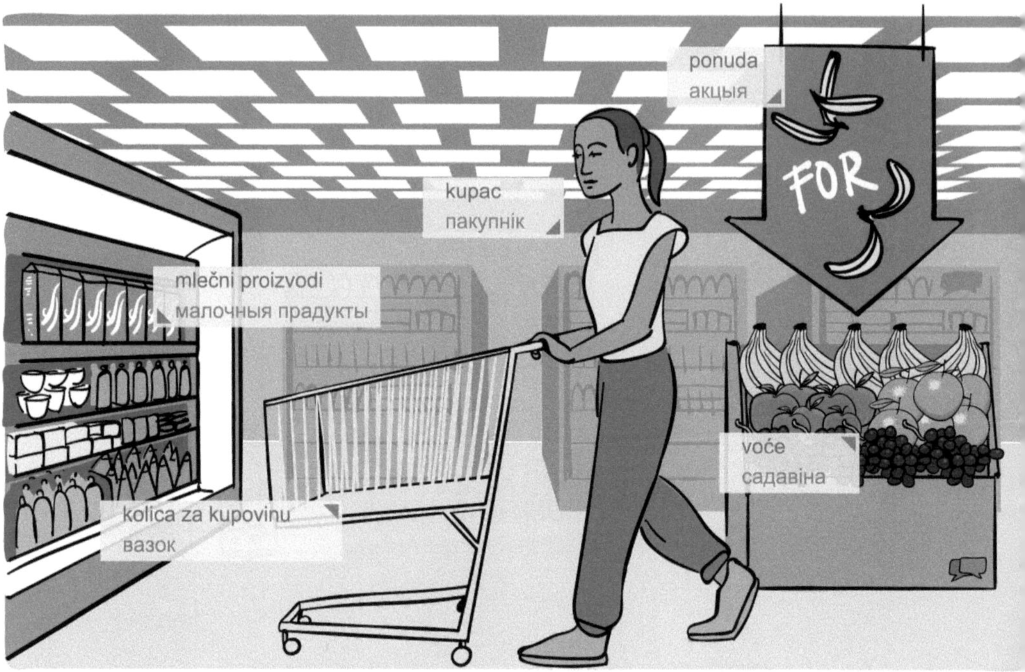

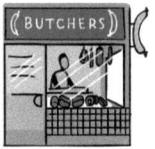

mesnica

мясная крама

BAKERY

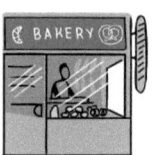

pekara

хлебны магазін

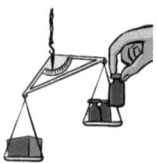

vagati

важыць

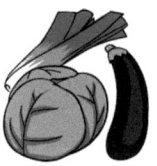

povrće

гароднiна

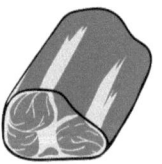

meso

мяса

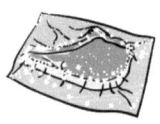

smrznuta hrana

свежазамарожаныя прадукты

narezak

нарэзка

konzerve

кансервы

sredstvo za pranje

пральны парашок

slatkiši

прысмакі

artikli za domaćinstvo

хатнія прылады

sredstva za čišćenje

чысцячы сродак

prodavačica

прадавец

blagajna

каса

blagajnik

касір

lista za kupovinu

спіс пакупак

vreme rada

гадзіны працы

novčanik

бумажнік

kreditna kartica

крэдытная картка

torba

сумка

plastična kesa

пакет

voda

вада

sok

сок

mleko

малако

kola

кола

vino

віно

pivo

піва

alkohol

алкаголь

kakao

какава

čaj

гарбата (чай)

kava

кава

espresso

эспрэса

cappuccino

капучына

banana

банан

jabuka

яблык

narandža

апельсін

lubenica

дыня

limun

лімон

šargarepa

морква

beli luk

часнок

bambus

бамбук

luk

цыбуля

gljiva

грыб

orašasti plodovi

арэхі

rezanci

локшына

špagete

спагеці

riža

рыс

salata

салата

pomfrit

бульба фры

pečeni krumpir

смажаная бульба

pica

піца

hamburger

гамбургер

sendvič

бутэрброд

šnicla

шніцаль

šunka

вяндліна

salama

салямі

kobasica

каўбаса

kokoš

курыца

pečenje

смажаніна

riba

рыбак

zobene pahuljice

аўсяныя камякі

musli

мюслі

kukuruzne pahuljice

кукурузныя шматкі

brašno

мука

kroasan

круасан

pecivo

булачка

hleb

хлеб

toast

тост

keksi

пячэнне

maslac

масла

sveži sir

тварог

kolač

пірог

jaje

яйка

jaje na oko

яечня

sir

сыр

sladoled

марожанае

šećer

цукар

med

мёд

marmelada

варэнне

nugat krema

нуга

kari

кары

seosko gazdinstvo

сядзіба

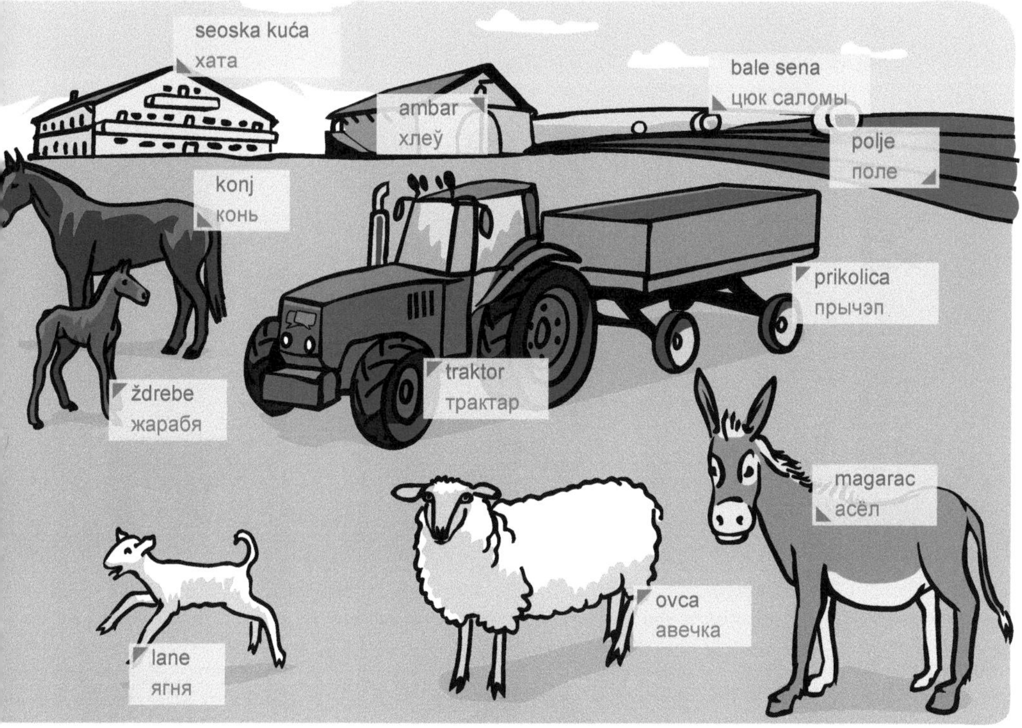
seoska kuća
хата
bale sena
цюк саломы
ambar
хлеў
polje
поле
konj
конь
prikolica
прычэп
traktor
трактар
ždrebe
жарабя
magarac
асёл
ovca
авечка
lane
ягня

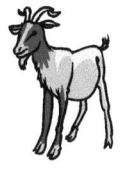

koza
каза

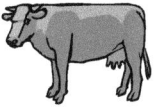

krava
карова

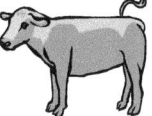

tele
цяля

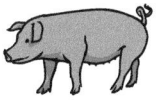

svinja
свіння

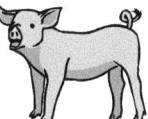

prase
парася

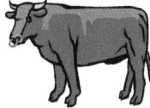

bik
бык

guska

гусак

patka

качка

pilići

кураня

kokoš

курыца

petao

певень

pacov

пацук

mačka

кот

miš

мыш

vol

вол

pas

сабака

kućica za psa

сабачая будка

vrtno crevo

садовы шланг

kanta za polivanje

палівачка

kosa

каса

plug

плуг

srp
серп

motika
матыка

viljuška za đubrivo
вілы для гною

sekira
сякера

tačke
тачка

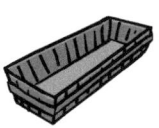

korito
карыта

posuda za mleko
бітон для малака

vreća
мех

ograda
плот

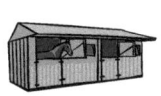

štala
хлеў

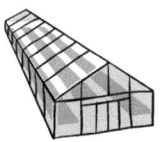

staklenik
цяпліца

zemlja
глеба

seme
насенне

đubrivo
угнаенне

kombajn
камбайн

žeti
....
збіраць ураджай

žetva
....
ураджай

jams začin
....
ямс

pšenica
....
пшаніца

soja
....
соя

krumpir
....
бульба

kukuruz
....
кукуруза

uljana repica
....
рапс

voćka
....
садовае дрэва

gomolj manioke
....
маніёк

žitarice
....
збожжа

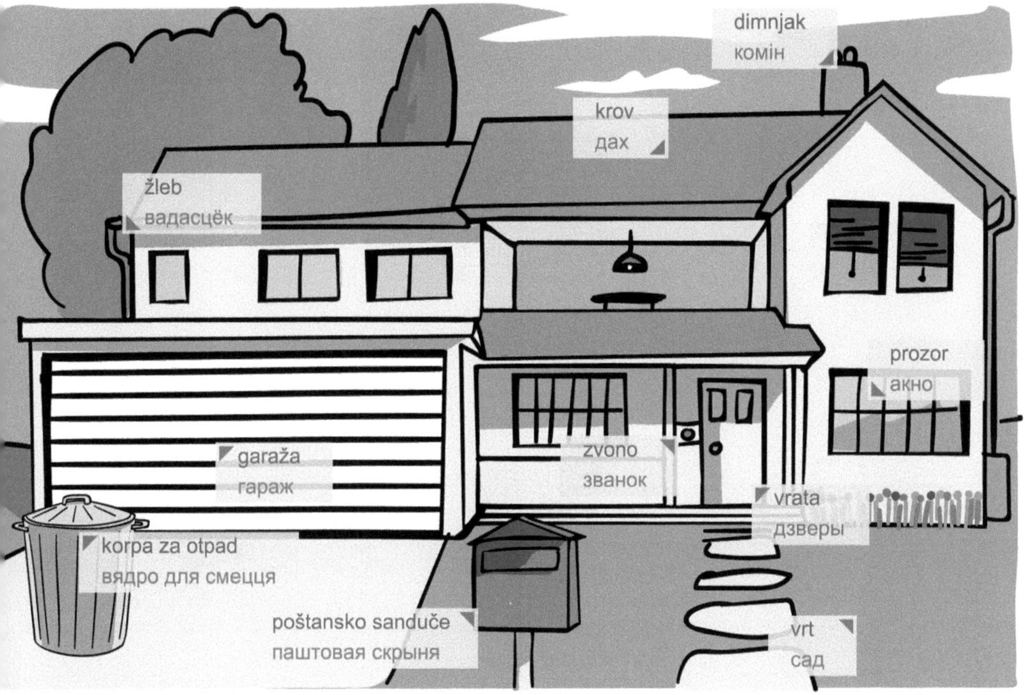

dimnjak
комін

krov
дах

žleb
вадасцёк

prozor
акно

garaža
гараж

zvono
званок

vrata
дзверы

korpa za otpad
вядро для смецця

poštansko sanduče
паштовая скрыня

vrt
сад

dnevna soba
жылы пакой

kupaonica
ванная

kuhinja
кухня

spavaća soba
спальны пакой

dečija soba
дзіцячы пакой

trpezarija
сталоўка

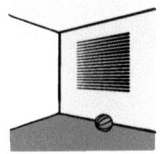

pod

падлога

zid

сцяна

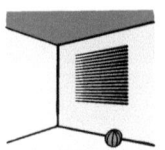

strop

столь

podrum

падвал

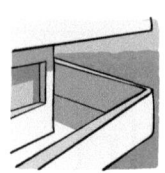

sauna

саўна

balkon

балкон

terasa

тэраса

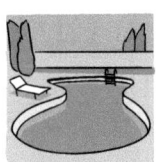

bazen

басейн

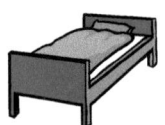

kosilica za travu

касілка

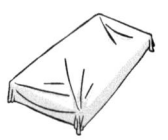

posteljina za krevet

падкоўдранік

deka za krevet

коўдра

krevet

ложак

metla

венік

kanta

вядро

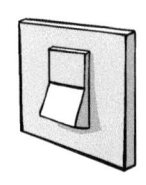

prekidač

выключальнік

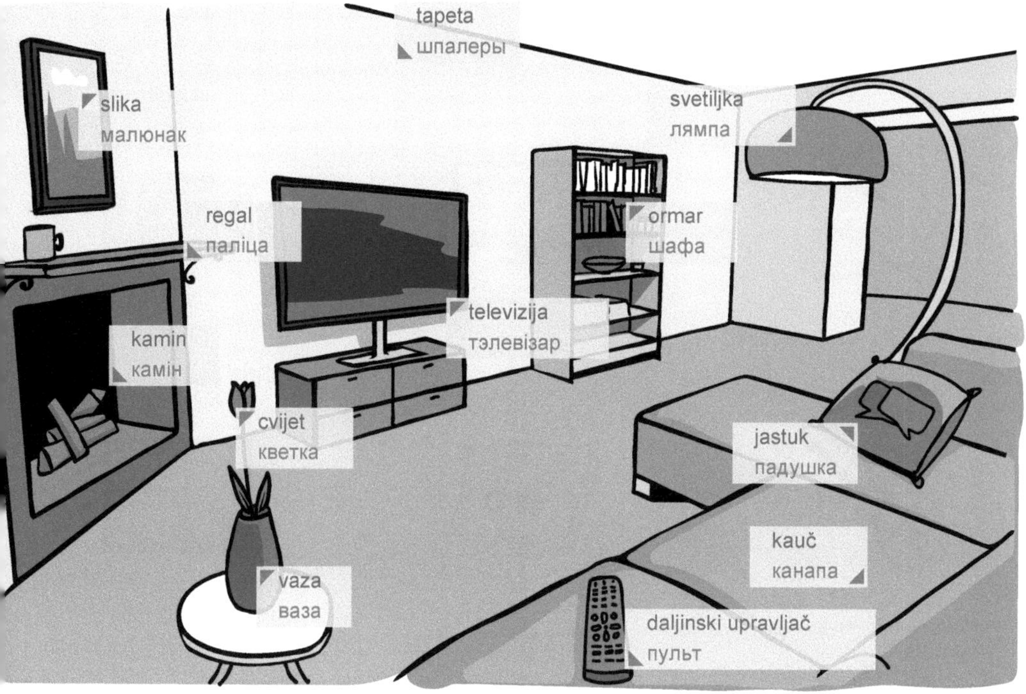

tapeta
шпалеры

slika
малюнак

svetiljka
лямпа

regal
паліца

ormar
шафа

kamin
камін

televizija
тэлевізар

cvijet
кветка

jastuk
падушка

vaza
ваза

kauč
канапа

daljinski upravljač
пульт

tepih
дыван

zavesa
фіранка

sto
стол

stolica
крэсла

stolica za njihanje
крэсла-качалка

fotelja
крэсла

knjiga

кніга

deka

коўдра

dekoracija

дэкарацыя

drvo za ogrev

дровы

film

кіно

hi-fi uređaj

стэрэасістэма

ključ

ключ

novine

газета

slika na platnu

карціна

poster

постар

radio

радыё

blok za pisanje

нататнік

usisivač

пыласос

kaktus

кактус

sveća

свечка

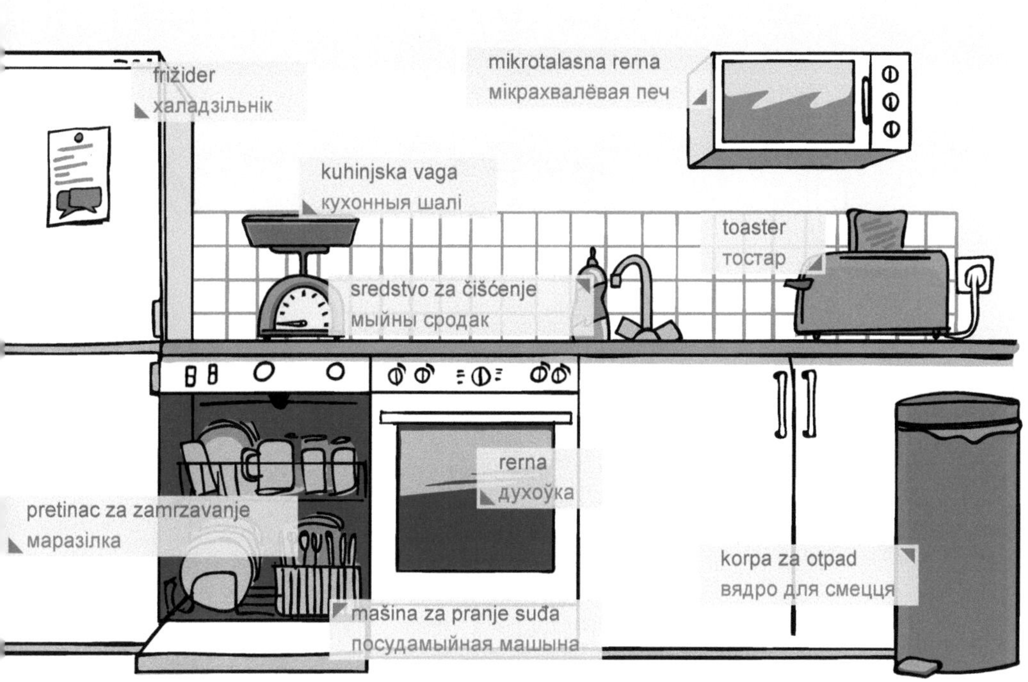

frižider
халадзільнік

mikrotalasna rerna
мікрахвалёвая печ

kuhinjska vaga
кухонныя шалі

sredstvo za čišćenje
мыйны сродак

toaster
тостар

pretinac za zamrzavanje
маразілка

rerna
духоўка

korpa za otpad
вядро для смецця

mašina za pranje suđa
посудамыйная машына

šporet

плiта

lonac

рондаль

gvozdeni lonac

чыгунок

wok / kadai

Вок / кадаі

tava

патэльня

kuvalo za vodu

чайнік

kuvalo na paru

параварка

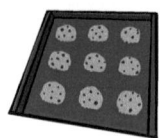

lim za pečenje

бляха

posuđe

посуд

čaša

кубак

posuda

міска

štapići za jelo

палачкі для ежы

kutlača

чарпак

lopatica

лапатачка

penjača

збівалка

sito za kuvanje

сіта для варэння

sito

сіта

ribež

тарка

mužar

ступка

roštilj

грыль

ognjište

вогнішча

daska

дошка

oklagija

качалка

vadičep

штопар

konzerva

бляшанка

otvarač konzervi

адкрывалка

krpa za lonac

прыхваткі

sudoper

ракавіна

četka

шчотка

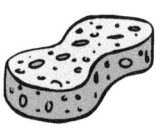

sunđer

губка

mikser

міксер

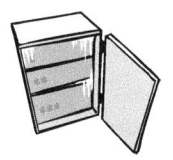

zamrzivač

маразільная камера

flašica za bebe

бутэлечка

slavina za vodu

вадаправодны кран

kupaonica

ванная

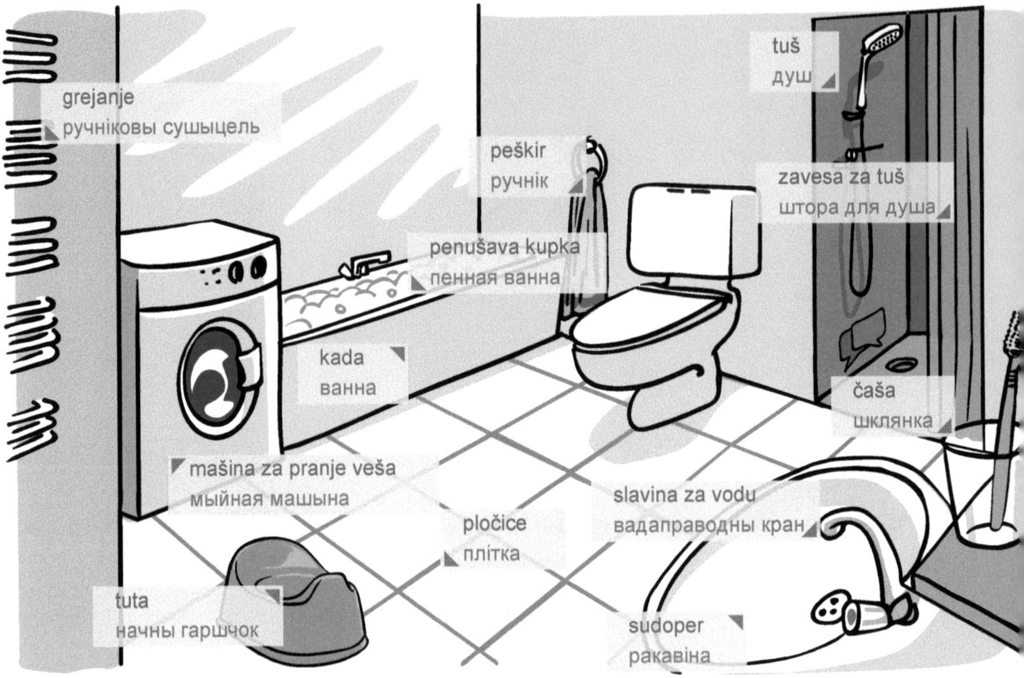

grejanje
ручніковы сушыцель
peškir
ручнік
tuš
душ
zavesa za tuš
штора для душа
penušava kupka
пенная ванна
kada
ванна
čaša
шклянка
mašina za pranje veša
мыйная машына
slavina za vodu
вадаправодны кран
pločice
плітка
tuta
начны гаршчок
sudoper
ракавіна

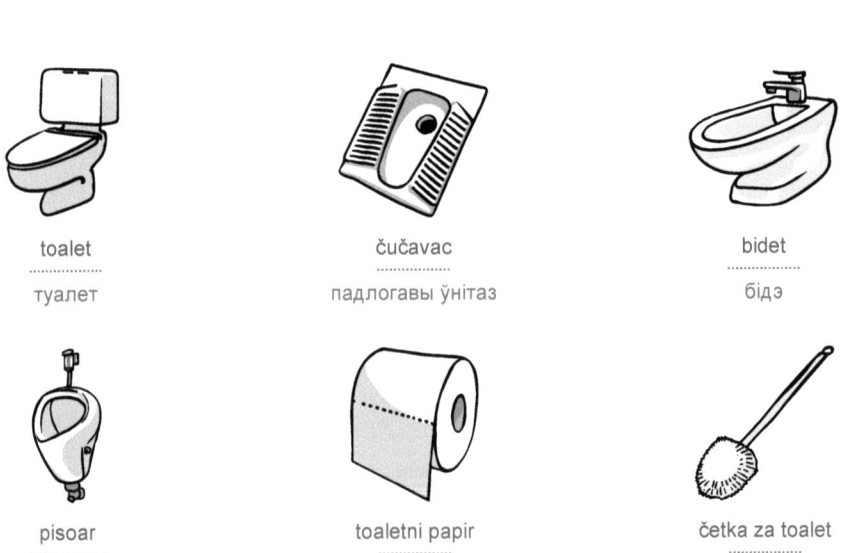

toalet
туалет

čučavac
падлогавы ўнітаз

bidet
бідэ

pisoar
пісуар

toaletni papir
туалетная папера

četka za toalet
шчотка для чысткі ўнітаза

četkica za zube

зубная шчотка

pasta za zube

зубная паста

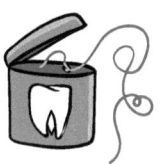

konac za zube

зубная нітка

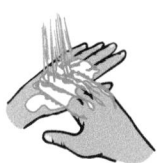

prati

мыць

tuš ručica

ручны душ

tuš za pranje intimnih delova

інтымны душ

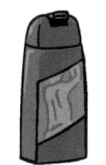

lavor

умывальнік

četka za pranje leđa

шчотка для спіны

sapun

мыла

gel za tuširanje

гель для душа

šampon

шампунь

krpa za pranje

вяхотка

odvod

вадасцёк

krema

крэм

dezodorans

дэзадарант

ogledalo

люстэрка

kozmetičko ogledalo

касметычнае люстэрка

brijač

станок для галення

pena za brijanje

пена для галення

losion za posle brijanja

ласьён пасля галення

češalj

грэбень

četka

шчотка

fen za kosu

фен

sprej za kosu

лак для валасоў

makeup

касметыка

ruž za usne

памада

lak za nokte

лак для пазногцяў

vata

вата

makaze za nokte

манікюрныя нажніцы

parfem

духі

kupaonica - ванная

kozmetička torbica

касметычка

stolica

табурэтка

vaga

вагі

ogrtač

лазневы халат

rukavice za čišćenje

санітарныя пальчаткі

tampon

тампон

uložak

гігіенічныя пракладкі

hemijski toalet

біятуалет

dečija soba
дзіцячы пакой

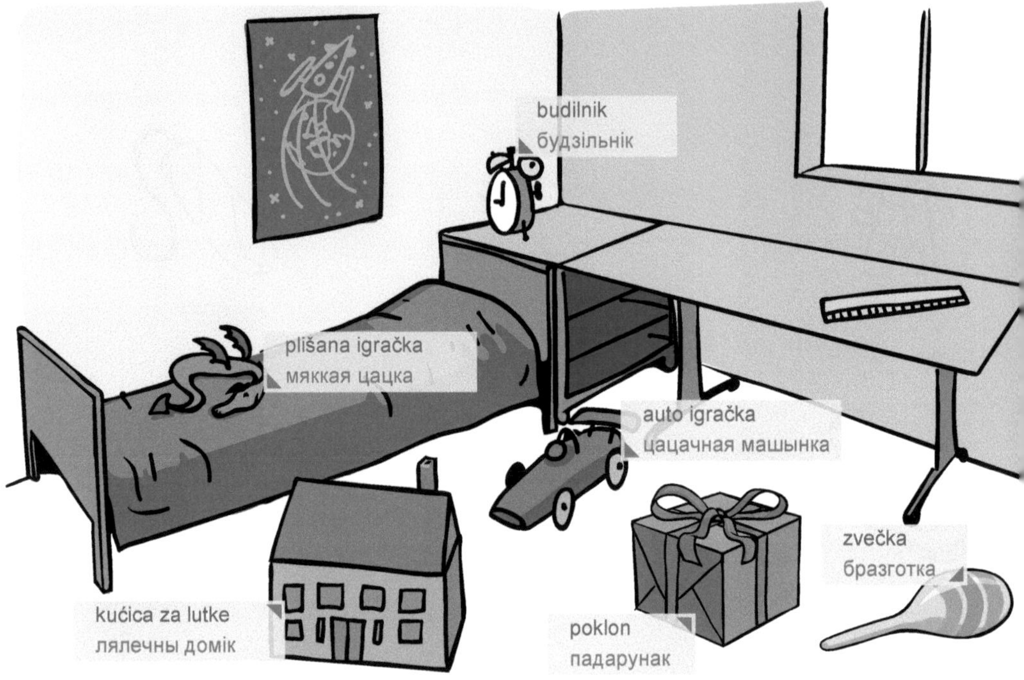
budilnik
будзільнік
plišana igračka
мяккая цацка
auto igračka
цацачная машынка
zvečka
бразготка
kućica za lutke
лялечны домік
poklon
падарунак

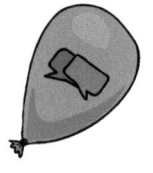

balon

надзіманы шарык

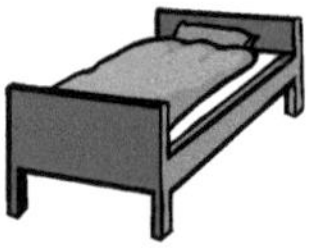

krevet

ложак

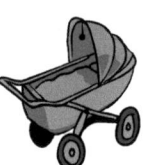

dječija kolica

дзіцячая каляска

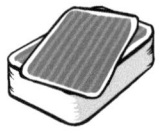

igra s kartama

калода картаў

slagalica

пазл

SUPER
MEGA

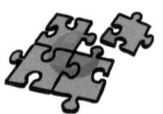

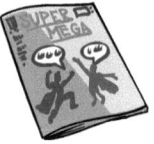

strip

комікс

lego kockice

канструктар "Лега"

kockice za slaganje

канструктар

akcioni junak

экшэн-фігурка

benkica za bebe

дзіцячы гарнітур

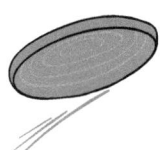

frizbi

фрызбі

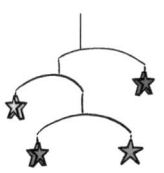

viseće igračke

дзіцячы мабіль

društvene igre

настольная гульня

kocka

кубік

minijaturna željeznica

дзіцячая чыгунка

duda

пустышка

zabava

дзіцячае свята

slikovnica

кніга з малюнкамі

lopta

мячык

lutka

лялька

igrati

гуляцца

pješčanik

пясочніца

ljuljačka

арэлі

igračka

цацкі

konzola za igre

гульнявая відэа прыстаўка

tricikl

трохколавы ровар

tedi

плюшавы мішка

ormar

шафа

odeća

адзенне

kratke čarape

шкарпэткі

čarape

панчохі

hulahopke

калготкі

šal
шалік

kaiš
рамень

kišobran
парасон

majica
цішотка

patike
красоўкі

čizme
боты

papuče
пантоплі

sandale
....
сандалі

cipele
....
абутак

gumene čizme
....
гумовыя боты

gaćice
....
трусы

grudnjak
....
бюстгальтар

potkošulja
....
майка

bodi

бодзі

pantalone

штаны

farmerke

джынсы

suknja

спадніца

bluza

блузка

košulja

кашуля

džemper

джэмпер

džemper s kapuljačom

талстоўка

sako

блэйзер

jakna

куртка

kaput

паліто

kabanica

дажджавік

kostim

касцюм

haljina

сукенка

venčanica

вясельная сукенка

odelo

касцюм

spavaćica

начная сарочка

pidžama

піжама

sari

сары

marama za glavu

хустка

turban

цюрбан

burka

паранджа

kaftan

каптан

abaja

Абая

kupaći kostim

купальнік

kupaće gaćice

плаўкі

kratke pantalone

шорты

odeća za trening

спартыўны касцюм

kecelja

фартух

rukavice

пальчаткі

dugme

гузік

naočare

акуляры

narukvica

бранзалет

ogrlica

каралі

prsten

кальцо

naušnica

завушніца

kapa

кепка

vešalica

вешалка

šešir

капялюш

kravata

гальштук

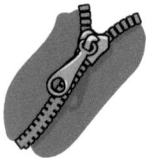

patent zatvarač

маланка

kaciga

шлем

naramenice

падцяжкі

školska uniforma

школьная форма

uniforma

уніформа

podbradak
нагруднік

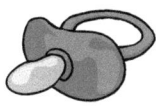

duda
пустышка

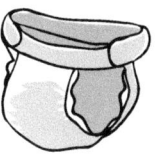

pelena
падгузнік

kancelarija
офіс

server
сервер

ormar za spise
канцылярская шафа

štampač
прынтэр

monitor
манітор

papir
папера

miš
мыш

pisaći stol
пісьмовы стол

mapa
тэчка

tastatura
клавіятура

košara za papir
смеццевы кошык

kompjuter
кампутар

stolica
крэсла

šalica za kavu
бак для кавы (філіжанка)

kalkulator
калькулятар

internet
інтэрнэт

laptop
ноўтбук

pismo
ліст

poruka
паведамленне

mobilni telefon
мабільны тэлефон

mreža
сетка

uređaj za kopiranje
ксеракс

softver
праграмнае забеспячэнне

telefon
тэлефон

utičnica
разетка

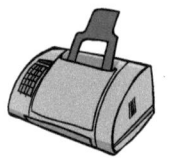

faks
факс

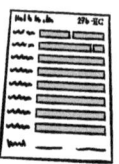

formular
фармуляр

dokument
дакумент

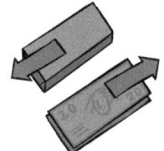

kupovati

купляць

platiti

плаціць

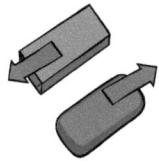

trgovati

гандляваць

novac

грошы

dolar

долар

evro

еўра

jen

ена

rublja

рубель

švajcarski franak

франк

renmindbi juan

кітайскі юань

rupija

рупія

automat za novac

банкамат

menjačnica

абменны пункт

zlato

золата

srebro

срэбра

nafta

нафта

energija

энергія

cena

цана

ugovor

кантракт

porez

падатак

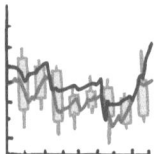

deonica

акцыя

raditi

працаваць

službenik

служачы

poslodavac

працадаўца

fabrika

фабрыка

prodavnica

крама

zanimanja
прафесii

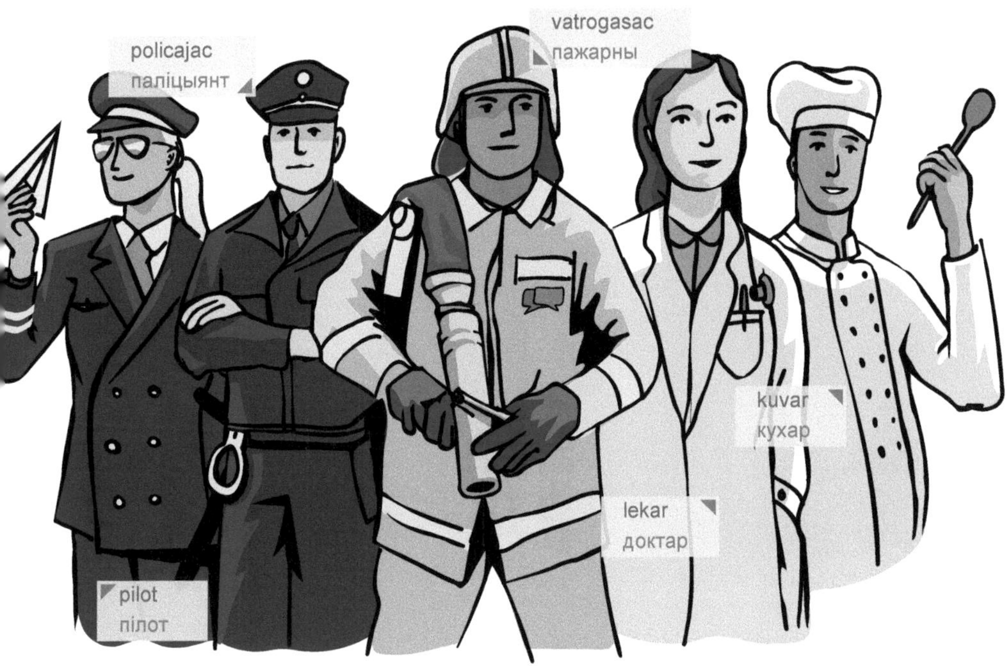

policajac
паліцыянт
vatrogasac
пажарны
kuvar
кухар
lekar
доктар
pilot
пілот

vrtlar

садоўнік

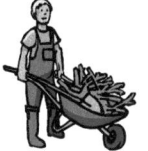

stolar

слесар

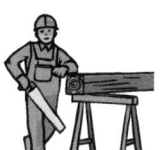

krojačica

швачка

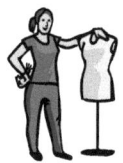

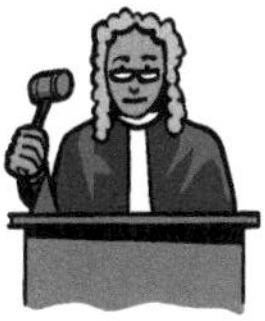

sudija

суддзя

hemičar

хімік

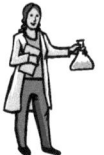

glumac

артыст

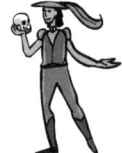

vozač autobusa

кіроўца аўтобуса

vozač taksija

таксіст

ribar

рыбак

čistačica

прыбіральшчыца

krovopokrivač

страхар

konobar

афіцыянт

lovac

паляўнічы

slikar

мастак

pekar

пекар

električar

электрык

građevinski radnik

будаўнік

inženjer

інжынер

mesar

мяснік

limar

сантэхнік

poštar

паштальён

vojnik

салдат

arhitekta

архітэктар

blagajnik

касір

cvećar

фларыст

frizer

цырульнік

kondukter

кандуктар

mehaničar

механік

kapetan

капітан

zubar

стаматолаг

naučnik

вучоны

rabi

рабін

imam

імам

monah

манах

svećenik

святар

alati

інструменты

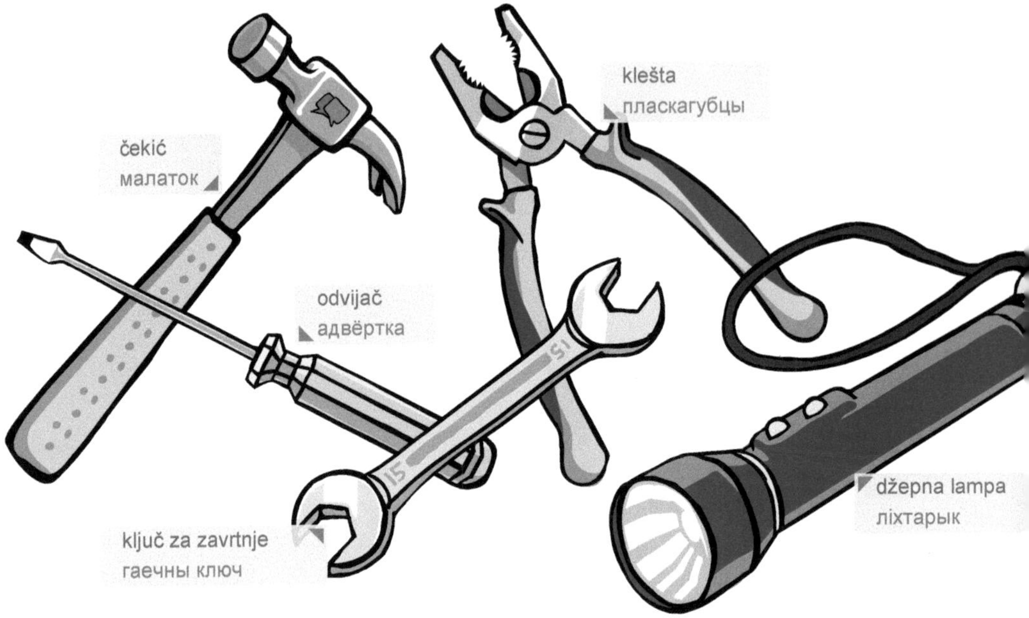

čekić
малаток
klešta
пласкагубцы
odvijač
адвёртка
džepna lampa
ліхтарык
ključ za zavrtnje
гаечны ключ

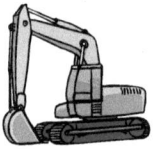

bager

экскаватар

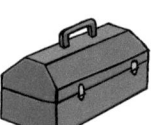

kutija za alat

скрыня для інструментаў

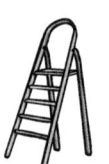

merdevine

драбіны

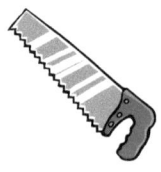

pila

піла

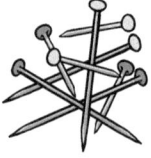

ekser

цвікі

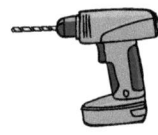

bušilica

дрыль

popraviti

рамантаваць

lopata

рыдлеўка

do đavola!

Халера!

lopatica

шуфлік для смецця

lonac za boju

вядро з фарбаю

zavrtanji

балты

muzički instrument
музычныя інструменты

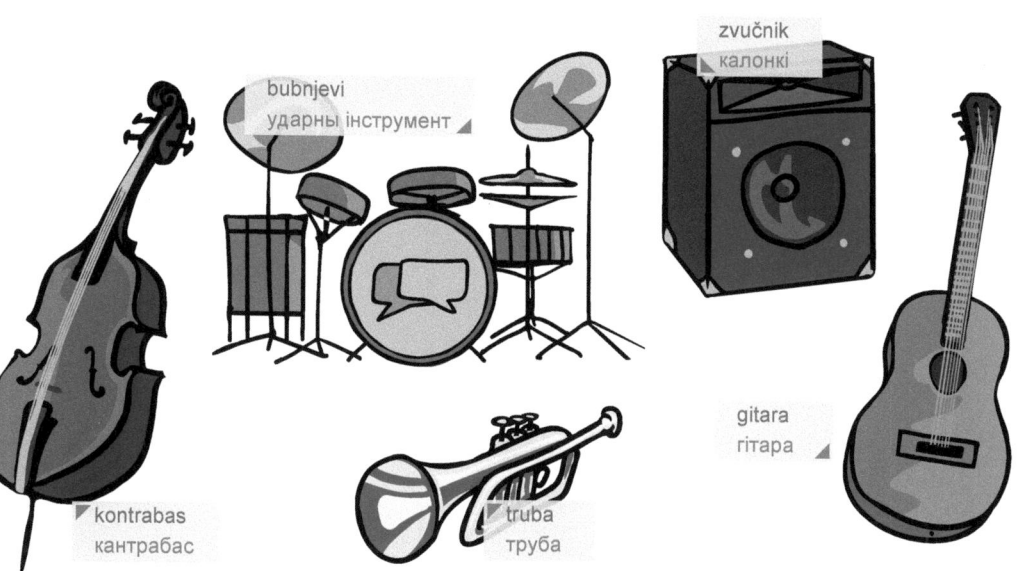

klavir

піяніна

violina

скрыпка

bas

басгітара

timpani

літаўры

udaraljke za bubnjeve

барабан

tipke klavira

клавішны электрамузычны
інструмент

saksofon

саксафон

flauta

флейта

mikrofon

мікрафон

zoološki vrt

заапарк

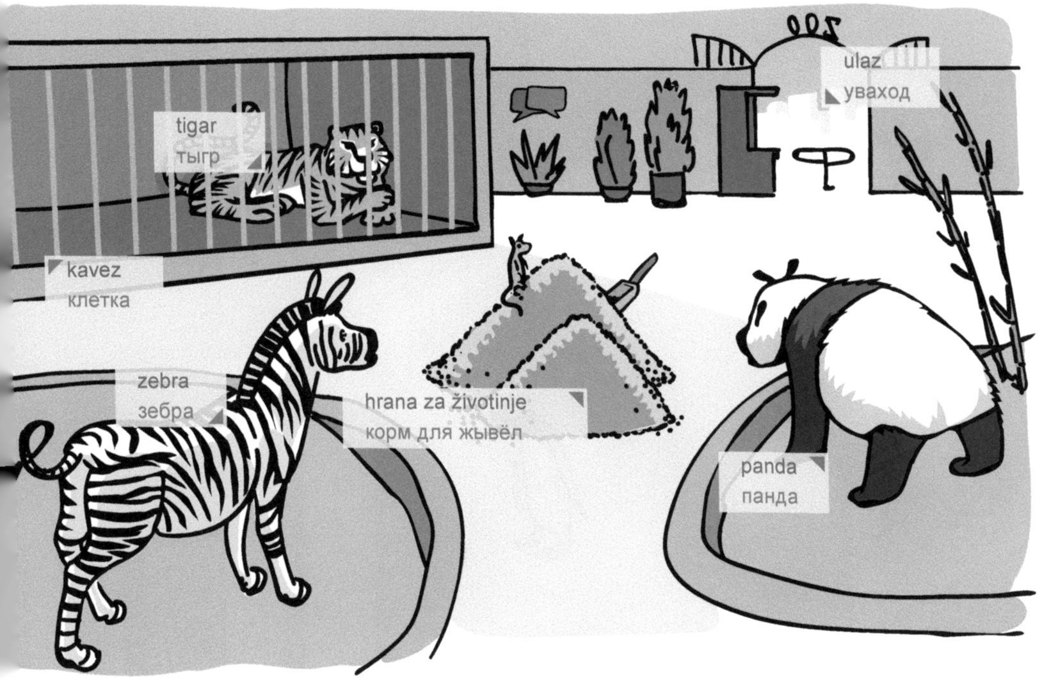

ulaz
уваход
tigar
тыгр
kavez
клетка
zebra
зебра
hrana za životinje
корм для жывёл
panda
панда

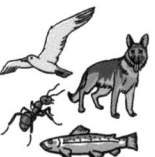

životinje
жывёлы

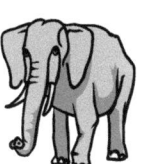

slon
слон

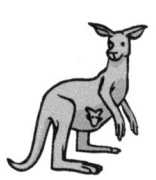

kengur
кенгуру

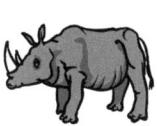

nosorog
насарог

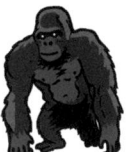

gorila
гарыла

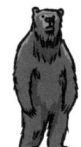

medved
мядзведзь

kamila

вярблюд

noj

стравус

lav

леў

majmun

малпа

flamingo

фламінга

papagaj

папугай

polarni medved

белы мядзведзь

pingvin

пінгвін

ajkula

акула

paun

паўлін

zmija

змяя

krokodil

кракадзіл

čuvar u zoološkom vrtu

наглядчык заапарка

tuljan

цюлень

jaguar

ягуар

poni

поні

leopard

леапард

nilski konj

бегемот

žirafa

жыраф

orao

арол

divlja svinja

дзік

riba

рыбак

kornjača

чарапаха

morž

морж

lisica

ліса

gazela

газель

americki nogomet
амерыканскі футбол

biciklizam
веласпорт

tenis
тэніс

košarka
баскетбол

plivanje
плаванне

boks
бокс

hokej na ledu
хакей з шайбай

fudbal
футбол

badminton
бадмінтон

atletika
лёгкая атлетыка

rukomet
гандбол

skijanje
горныя лыжы

polo
пола

skočiti
скакаць

zagrliti
абдымаць

smejati se
смяяцца

ići
ісці

pevati
спяваць

sanjati
марыць

moliti se
маліцца

poljubiti
цалаваць

pisati
пісаць

crtati
маляваць

pokazati
паказваць

gurati
націснуць

dati
даваць

uzeti
браць

imati

маць

činiti

выконваць

biti

быць

stojati

стаяць

trčati

бегчы

povlačiti

цягнуць

baciti

кідаць

padati

падаць

ležati

ляжаць

čekati

чакаць

nositi

насіць

sediti

сядзець

oblačiti

апранацца

spavati

спаць

probuditi se

прачынацца

gledati

глядзець

plakati

плакаць

milovati

лашчыць

češljati

прычэсвацца

govoriti

гаварыць

razumeti

разумець

pitati

пытаць

slušati

чуць

piti

піць

jesti

есці

pospremiti

прыбіраць

voleti

кахаць

kuhati

гатаваць

voziti

ехаць

leteti

лятаць

ploviti

плаваць пад ветразем

računati

лічыць

čitati

чытаць

učiti

вучыць

raditi

працаваць

venčati se

уступаць у шлюб

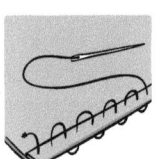

šiti

шыць

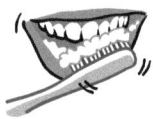

prati zube

чысціць зубы

ubiti

забіваць

pušiti

курыць

poslati

пасылаць

porodica
сям'я

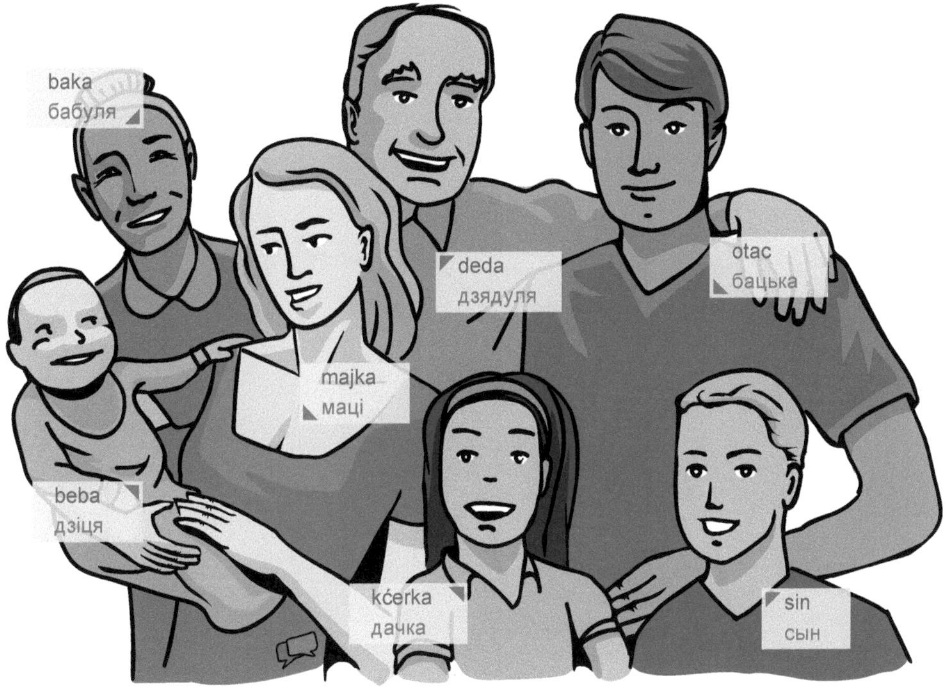
baka
бабуля
deda
дзядуля
otac
бацька
majka
маці
beba
дзіця
kćerka
дачка
sin
сын

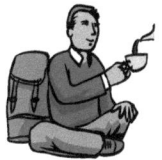

gost

госць

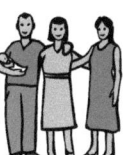

tetka

цётка

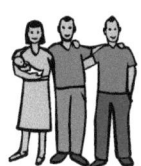

ujak, stric

дзядзька

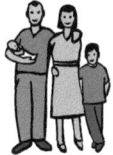

brat

брат

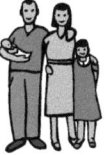

sestra

сястра

telo

цела

čelo
лоб
oko
вока
rame
плячо
prst
палец
lice
твар
brada
падбародак
ruka
рука
grudi
грудзі
noga
нага
ruka
рука

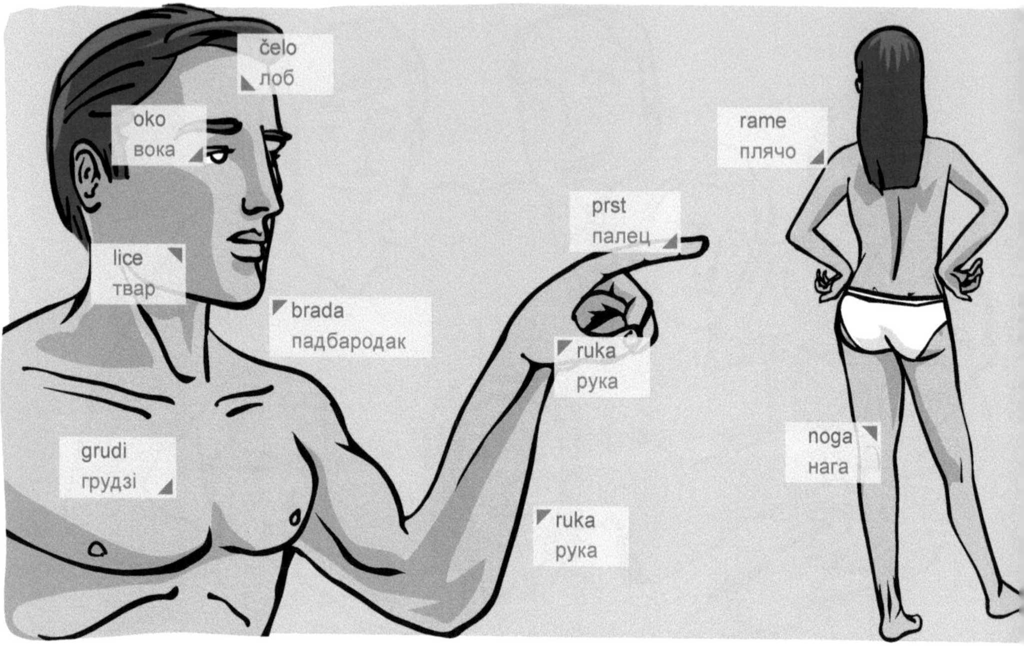

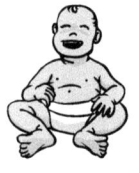

beba

дзіця

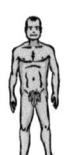

muškarac

мужчына

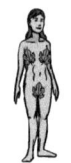

žena

жанчына

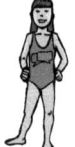

devojčica

дзяўчынка

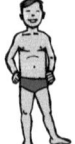

dečak

хлопчык

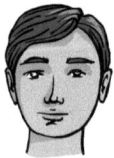

glava

галава

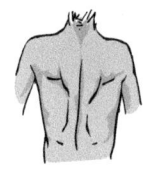

leđa

спіна

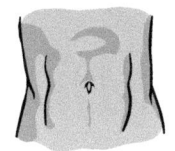

stomak

жывот

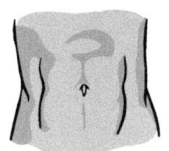

pupak

пуп

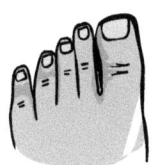

nožni prst

палец нагі

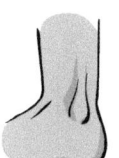

peta

пятка

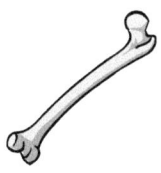

kost

костка

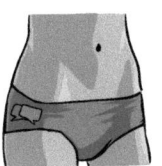

kukovi

бядро

koleno

калена

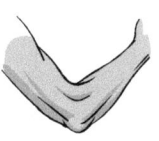

lakat

локаць

nos

нос

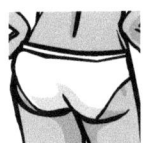

zadnjica

ягадзіца

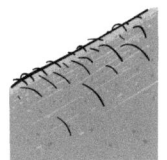

koža

скура

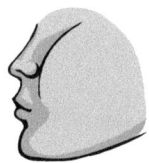

obraz

шчака

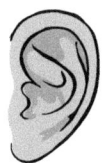

uvo

вуха

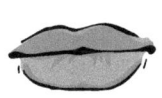

usna

губа

telo - цела

usta

рот

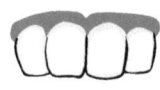

zub

зуб

jezik

язык

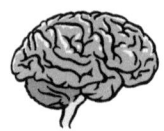

mozak

галаўны мозг

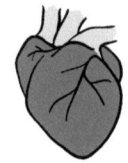

srce

сэрца

mišić

мышца

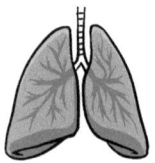

pluća

лёгкае

jetra

пячонка

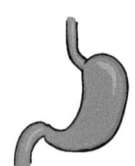

želudac

страўнік

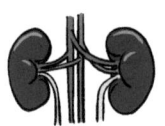

bubrezi

ныркі

polni odnos

сэкс

kondom

прэзерватыў

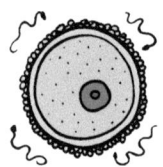

jajna ćelija

яйцаклетка

sperma

сперма

trudnoća

цяжарнасць

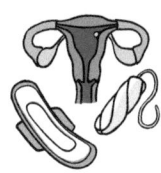

menstruacija
менструацыя

vagina
похва

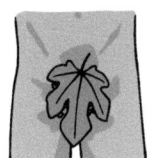

penis
пеніс

obrva
брыво

kosa
валасы

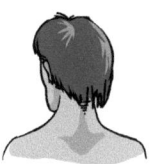

vrat
шыя

bolnica
шпіталь

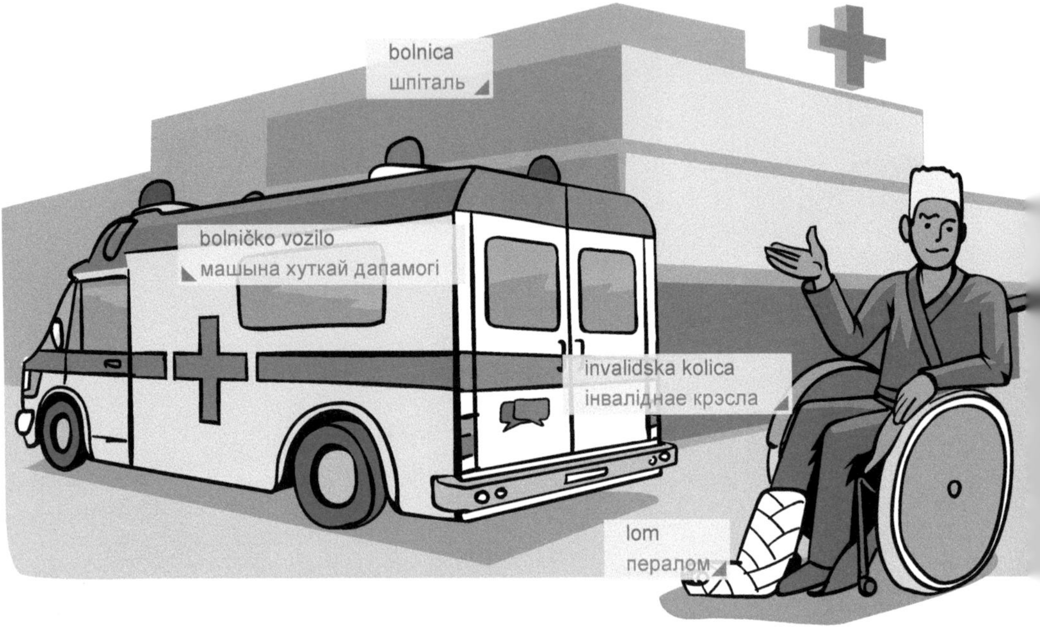

bolnica
шпіталь
bolničko vozilo
машына хуткай дапамогі
invalidska kolica
інваліднае крэсла
lom
пералом

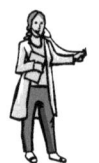

lekar
доктар

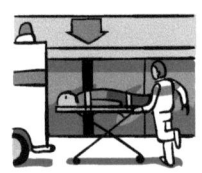

hitna medicinska služba
аддзяленне першай дапамогі

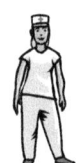

medicinska sestra
медсястра

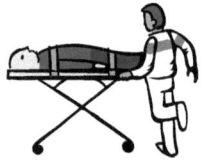

hitni slučaj
экстраная дапамога

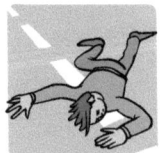

nesvest
непрытомны

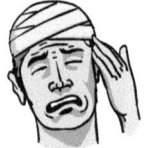

bol
боль

povreda

траўма

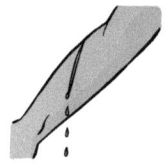

krvarenje

крывацёк

srčani udar

інфаркт

udar

апаплексія

alergija

алергія

kašalj

кашаль

groznica

гарачка

gripa

грып

proliv

панос

glavobolja

галаўны боль

rak

рак

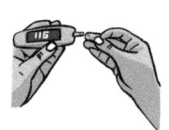

dijabetes

дыябет

hirurg

хірург

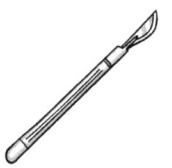

skalpel

скальпель

operacija

аперацыя

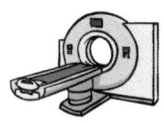

ct

КТ

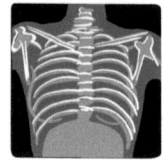

rentgen

рэнтген

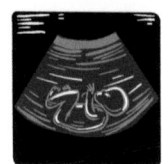

ultrazvuk

ультрагук

maska

маска

bolest

хвароба

čekaona

пачакальня

štaka

мыліца

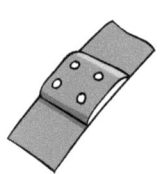

flaster

пластыр

zavoj

бінт

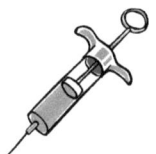

injekcija

ін'екцыя

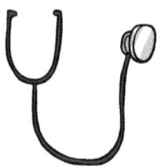

stetoskop

стэтаскоп

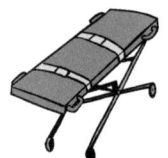

nosila

насілкі

termometar

градуснік

rođenje

нараджэнне

prekomerna težina

лішняя вага

slušni aparat

слухавы апарат

sredstvo za dezinfekciju

дэзінфекцыйны сродак

infekcija

інфекцыя

virus

вірус

HIV / AIDS

ВІЧ/СНІД

medicina

лекі

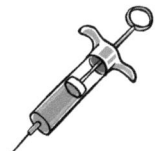

vakcinacija

прышчэпка

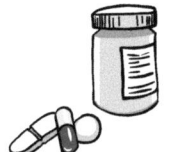

tablete

таблеткі

pilula

супрацьзачаткавая таблетка

hitni poziv

экstraны выклік

uređaj za merenje pritiska

танометр

bolesno / zdravo

хворы / здаровы

pomoć!

Ратуйце!

alarm

сігналізацыя

nasrtaj

напад

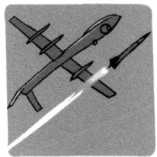

napad

атака

opasnost

небяспека

izlaz u slučaju nužde

аварыйны выхад

požar!

Пажар!

protivpožarni aparat

вогнетушыцель

nezgoda

аварыя

kutija prve pomoći

аптэчка

sos

СОС

policija

паліцыя

Evropa

Еўропа

Severna Amerika

Паўночная Амерыка

Južna Amerika

Паўднёвая Амерыка

Afrika

Афрыка

Azija

Азія

Australija

Аўстралія

Atlantik

Атлантычны акіян

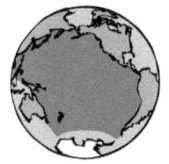

Pacifik

Ціхі акіян

Indijski okean

Індыйскі акіян

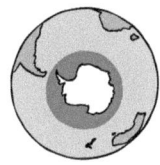

Antarktički okean

Паўднёвы ледавіты акіян

Arktički ocean

Паўночны ледавіты акіян

Severni pol

Паўночны полюс

Južni pol

Паўднёвы полюс

Antarktik

Антарктыда

zemlja

Зямля

zemlja

краіна

more

мора

otok

востраў

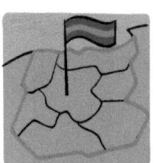

nacija

нацыя

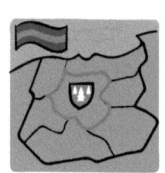

država

дзяржава

brojčanik sata

цыферблат

satna kazaljka

гадзінная стрэлка

minutna kazaljka

хвілінная стрэлка

sekundna kazaljka

секундная стрэлка

Koliko je sati?

Колькі часу?

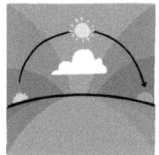

dan

дзень

vreme

час

sada

зараз

digitalni sat

электронны гадзіннік

minuta

хвіліна

čas

гадзіна

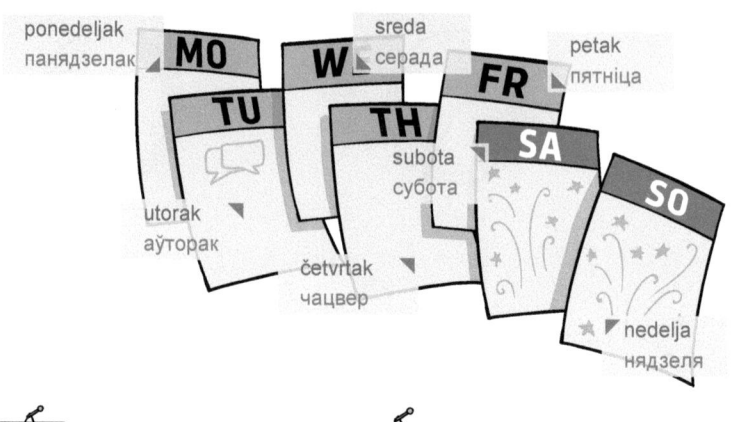

ponedeljak
панядзелак

sreda
серада

petak
пятніца

utorak
аўторак

subota
субота

četvrtak
чацвер

nedelja
нядзеля

juče

ўчора

danas

сёння

sutra

заўтра

jutro

раніца

podne

абед

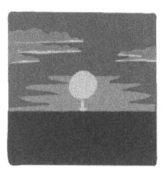

veče

вечар

MO	TU	WE	TH	FR	SA	SU
1	2	3	4	5	6	7
8	9	10	11	12	13	14
15	16	17	18	19	20	21
22	23	24	25	26	27	28
29	30	31	1	2	3	4

radni dani

працоўныя дні

MO	TU	WE	TH	FR	SA	SU
1	2	3	4	5	6	7
8	9	10	11	12	13	14
15	16	17	18	19	20	21
22	23	24	25	26	27	28
29	30	31	1	2	3	4

vikend

выхадныя

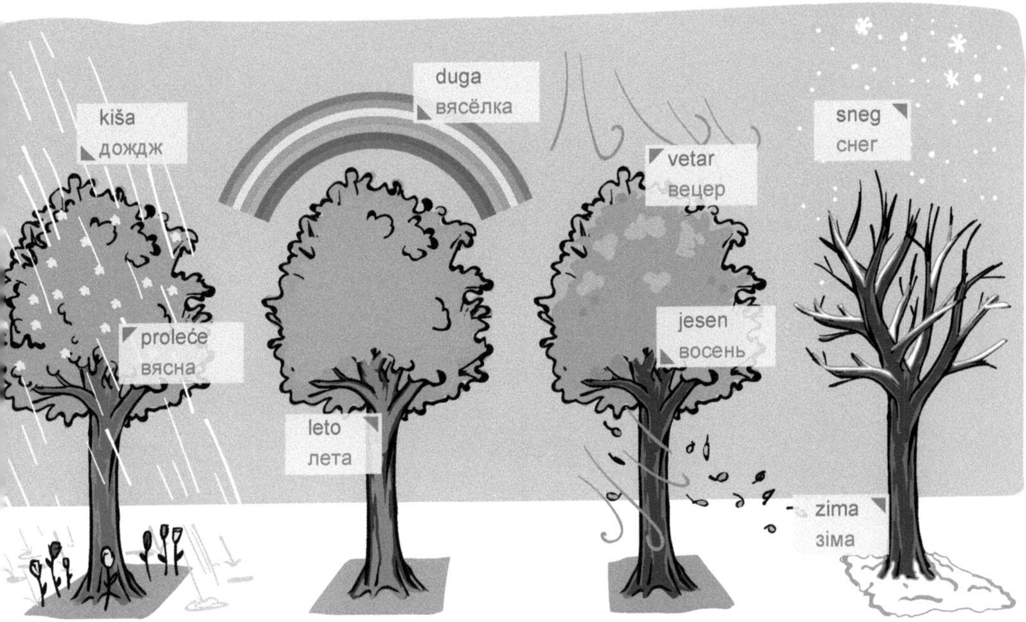

kiša
дождж

duga
вясёлка

vetar
вецер

sneg
снег

proleće
вясна

jesen
восень

leto
лета

zima
зіма

4.APRIL	11°	☀
5.APRIL	4°	☁
6.APRIL	13°	☔
7.APRIL	8°	❄
8.APRIL	10°	☀

meteorološka prognoza

прагноз надвор'я

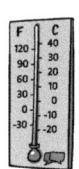

termometar

градуснік

sunčana svetlost

сонечнае святло

oblak

воблака

magla

туман

vlažnost vazduha

вільготнасць паветра

munja

маланка

grmljavina

гром

oluja

бура

tuča

град

monsun

мусонны вецер

poplava

прыліў

led

лёд

januar

студзень

februar

люты

mart

сакавік

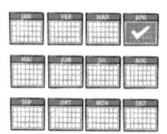

april

красавік

maj

май

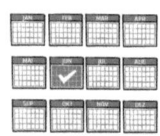

juni

чэрвень

juli

ліпень

avgust

жнівень

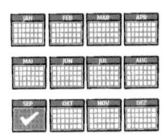

septembar
....
верасень

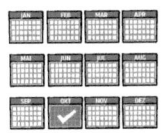

oktobar
....
кастрычнік

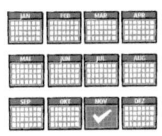

novembar
....
лістапад

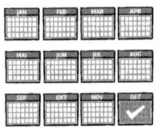

decembar
....
снежань

krug
....
круг

kvadrat
....
квадрат

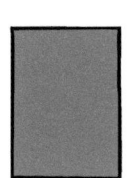

pravougao
....
прамавугольнік

trougao
....
трохвугольнік

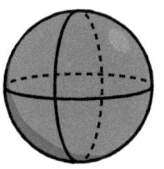

kugla
....
шар

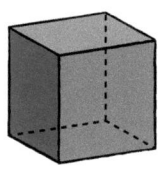

kocka
....
куб

bela

белы

žuta

жоўты

narandžasta

аранжавы

ružičasta

ружовы

crvena

чырвоны

ljubičasta

фіялетавы

plava

сіні

zelena

зялёны

smeđa

карычневы

siva

шэры

crna

чорны

mnogo / malo

шмат / мала

ljutito / mirno

злы / добры

lepo / ružno

прыгожы / брыдкі

početak / kraj

пачатак / канец

veliko / maleno

высокі / малы

svetlo / tamno

светлы / цёмны

brat / sestra

сястра / брат

čisto / prljavo

чысты / брудны

potpuno / nepotpuno

поўны / няпоўны

dan / noć

дзень / ноч

mrtvo / živo

мёртвы / жывы

široko / usko

шырокі / вузкі

jestivo / nejestivo

ядомы / неядомы

zlo / dobro

злы / добры

uzbuđeno / dosadno

узбуджаны / нудны

debelo / mršavo

тоўсты / тонкі

na početku / na kraju

першы / апошні

prijatelj / neprijatelj

сябар / вораг

puno / prazno

поўны / пусты

tvrdo / mekano

цвёрды / мяккі

teško / lagano

важкі / лёгкі

glad / žeđ

голад / смага

bolesno / zdravo

хворы / здаровы

ilegalno / legalno

нелегальны / легальны

pametno / glupo

разумны / дурны

levo / desno

левы / правы

blizu / daleko

побач / далёка

suprotnosti - супрацьлегласці

novo / polovno

новы / былы ва ўжыванні

ništa / nešto

нічога / нешта

staro / mlado

стары / малады

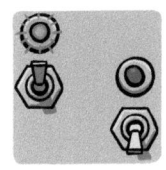

uključeno / isključeno

укл / выкл

otvoreno / zatvoreno

адчынены / зачынены

tiho / glasno

ціхі / гучны

bogato / siromašno

багаты / бедны

tačno / pogrešno

правільна / няправільна

hrapavo / glatko

шурпаты / гладкі

tužno / sretno

сумны / шчаслівы

kratko / dugo

кароткі / доўгі

polako / brzo

павольны / хуткі

mokro / suho

вільготны / сухі

toplo / hladno

цёплы / халаднаваты

rat / mir

вайна / мір

0

nula

нуль

1

jedan

адзін

2

dva

два

3

tri

тры

4

četiri

чатыры

5

pet

пяць

6

šest

шэсць

7

sedam

сем

8

osam

восем

9

devet

дзевяць

10

deset

дзесяць

11

jedanaest

адзінаццаць

12
dvanaest
дванаццаць

13
trinaest
трынаццаць

14
četrnaest
чатырнаццаць

15
petnaest
пятнаццаць

16
šestnaest
шаснаццаць

17
sedamnaest
сямнаццаць

18
osamnaest
васямнаццаць

19
devetnaest
дзевятнаццаць

20
dvadeset
дваццаць

100
stotinu
сто

1.000
hiljadu
тысяча

1.000.000
milion
мільён

engleski

англійская

амerički engleski

англійская (Амерыка)

mandarinski kineski

кітайская мандарынская

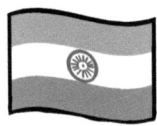

hindski

хіндзі

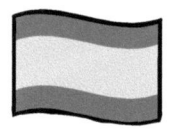

španski

іспанская

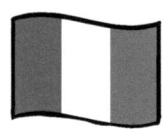

francuski

французская

arapski

арабская

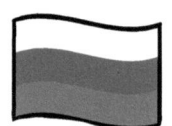

ruski

руская

portugalski

партугальская

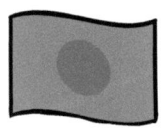

bengalski

бенгальская

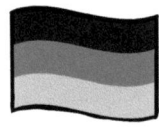

nemački

нямецкая

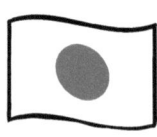

japanski

японская

ja

я

ti

ты

on / ona / ono

ён / яна / яно

mi

мы

vi

вы

oni

яны

Ko?

хто?

Šta?

што?

Kako?

як?

Gde?

дзе?

Kada?

калі?

ime

імя

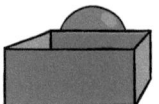

iza

за

u

у

ispred

перад

preko

над

na

на

ispod

пад

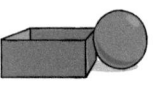

pored

каля

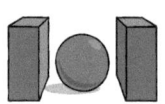

između

паміж

mesto

месца